# Goldilocks und die drei Bären

*Nacherzählt und illustriert von*

Valeri Gorbatschow

EDITION JÜRGEN LASSIG

Nord-Süd Verlag

Aus dem Amerikanischen von Jürgen Lassig


Originaltitel: *Goldilocks and the Three Bears*
Lithographie: Die Repro, Tamm. Gesetzt in der Mrs Eaves Roman, 16 Punkt
Druck: EBS, Italien. ISBN 3 314 01180 6

Die Deutsche Bibliothek – CIP-Einheitsaufnahme
Horbačov, Valerij H.:
Goldilocks und die drei Bären / Valeri Gorbatschow.
[Aus dem Amerikan. von Jürgen Lassig].
- Gossau, Zürich ; Hamburg : Nord-Süd-Verl., 2001
(Edition Jürgen Lassig)
ISBN 3-314-01180-6

**Besuchen Sie uns im Internet: www.nord-sued.com**

Es waren einmal drei Bären, die lebten in einem Häuschen im Wald: der große Vater Bär, die mittelgroße Mutter Bär und ihr kleines Bärenkind.

Eines Morgens wollten die drei Bären einen Spaziergang machen. Unterdessen sollte ihr Haferbrei fürs Frühstück abkühlen.

Kaum waren sie gegangen, kam ein kleines Mädchen
zum Haus der drei Bären. Das Mädchen hieß Goldilocks,
denn es hatte schöne goldene Haare.

Goldilocks schaute neugierig zum Fenster hinein
und sah, dass niemand da war – also ging sie ins Haus.

Auf dem Küchentisch standen drei Schüsseln mit Haferbrei. Der Brei duftete so herrlich, dass Goldilocks unbedingt probieren wollte.

Zuerst nahm sie einen Löffel voll aus der großen Schüssel vom großen Vater Bär, aber der Brei war zu heiß.
Darauf probierte sie den Haferbrei aus der mittelgroßen Schüssel der mittelgroßen Mutter Bär. Aber der Brei war zu kalt.

Schließlich probierte sie den Brei aus der kleinen Schüssel, die dem kleinen Bären gehörte. Und dieser Brei war gerade richtig! Also aß sie alles auf!

Als Goldilocks aufgegessen hatte, ging sie ins Wohnzimmer, und da sie ein bisschen müde war, setzte sie sich in den großen Sessel. Aber Vater Bärs Sessel war viel zu hart.
Also setzte sie sich in den mittelgroßen Sessel. Doch Mutter Bärs Sessel war viel zu weich.

Da probierte sie den kleinen
Stuhl vom kleinen Bären aus,
und der war gerade richtig!
Kaum saß sie auf
dem kleinen Stuhl…

brach der in Stücke,
und sie fiel auf den Boden.

Dann stieg das Mädchen die Treppe hinauf. Oben
entdeckte sie die drei Betten der drei Bären.

Zuerst legte sie sich auf das große Bett, aber es war
ziemlich hart.
Sie legte sich ins mittlere Bett, aber es war ihr
viel zu weich.

Da wollte sie das kleine Bett ausprobieren. Und das war gerade richtig! Goldilocks legte sich hinein und schlief sofort ein.

Kaum war sie eingeschlafen, als die drei Bären zurückkamen. Der Spaziergang hatte sie hungrig gemacht, und sie liefen sofort in die Küche.

Goldilocks hatte den Löffel in Vater Bärs großer Haferbreischüssel stecken lassen.
»Jemand hat von *meinem* Brei gegessen!«, rief Vater Bär laut.
Mutter Bär sah, dass auch in ihrer Schüssel der Löffel steckte. »Jemand hat von *meinem* Haferbrei gegessen!«, rief sie erstaunt.
Dann kam der kleine Bär herein und sah in seine Breischüssel. »Jemand hat von *meinem* Haferbrei gegessen!«, rief er in den höchsten Tönen. »Jemand hat alles aufgegessen!«
Die drei Bären rannten hastig ins Wohnzimmer.

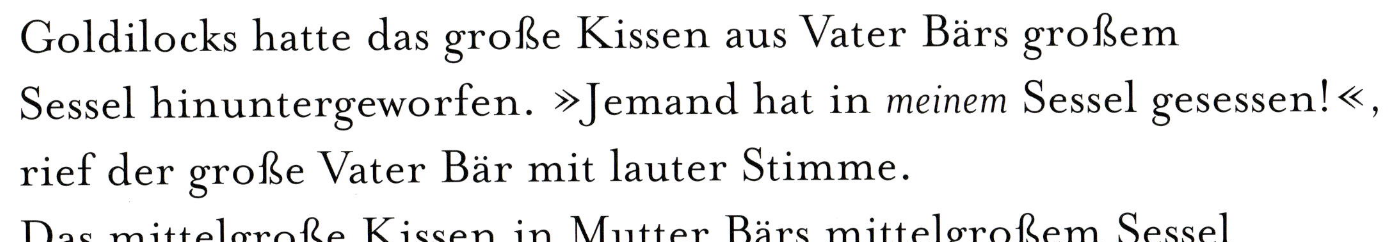

Goldilocks hatte das große Kissen aus Vater Bärs großem Sessel hinuntergeworfen. »Jemand hat in *meinem* Sessel gesessen!«, rief der große Vater Bär mit lauter Stimme.
Das mittelgroße Kissen in Mutter Bärs mittelgroßem Sessel war auch nicht an seinem Platz. »Jemand hat in *meinem* Sessel gesessen!«, sagte Mutter Bär.
Jetzt sah der kleine Bär seinen Stuhl.

»Jemand hat auf *meinem* Stuhl gesessen«, jammerte er. »Seht mal, er ist ganz kaputt!«

Dann gingen die drei Bären die Treppe hinauf.

Goldilocks hatte die Decke von Vater Bärs Bett zerwühlt.
»Jemand hat auf *meinem* Bett gelegen!«, rief Vater Bär mit donnernder Stimme.
Auch auf Mutter Bärs Bett war die Bettdecke zerwühlt.
»Jemand hat in *meinem* Bett geschlafen!«, rief Mutter Bär.

Dann ging der kleine Bär
zu seinem Bett.

»Seht mal, in *meinem* Bett liegt jemand!«,
quietschte der kleine Bär. »Seht doch!«

Davon wurde Goldilocks wach. Sie sah die drei Bären: den großen Vater Bär, die mittelgroße Mutter Bär und den kleinen Bären.
Sie sprang aus dem Bett, entwischte durchs Fenster, kletterte die Veranda hinunter und rannte, so schnell sie konnte, nach Hause.

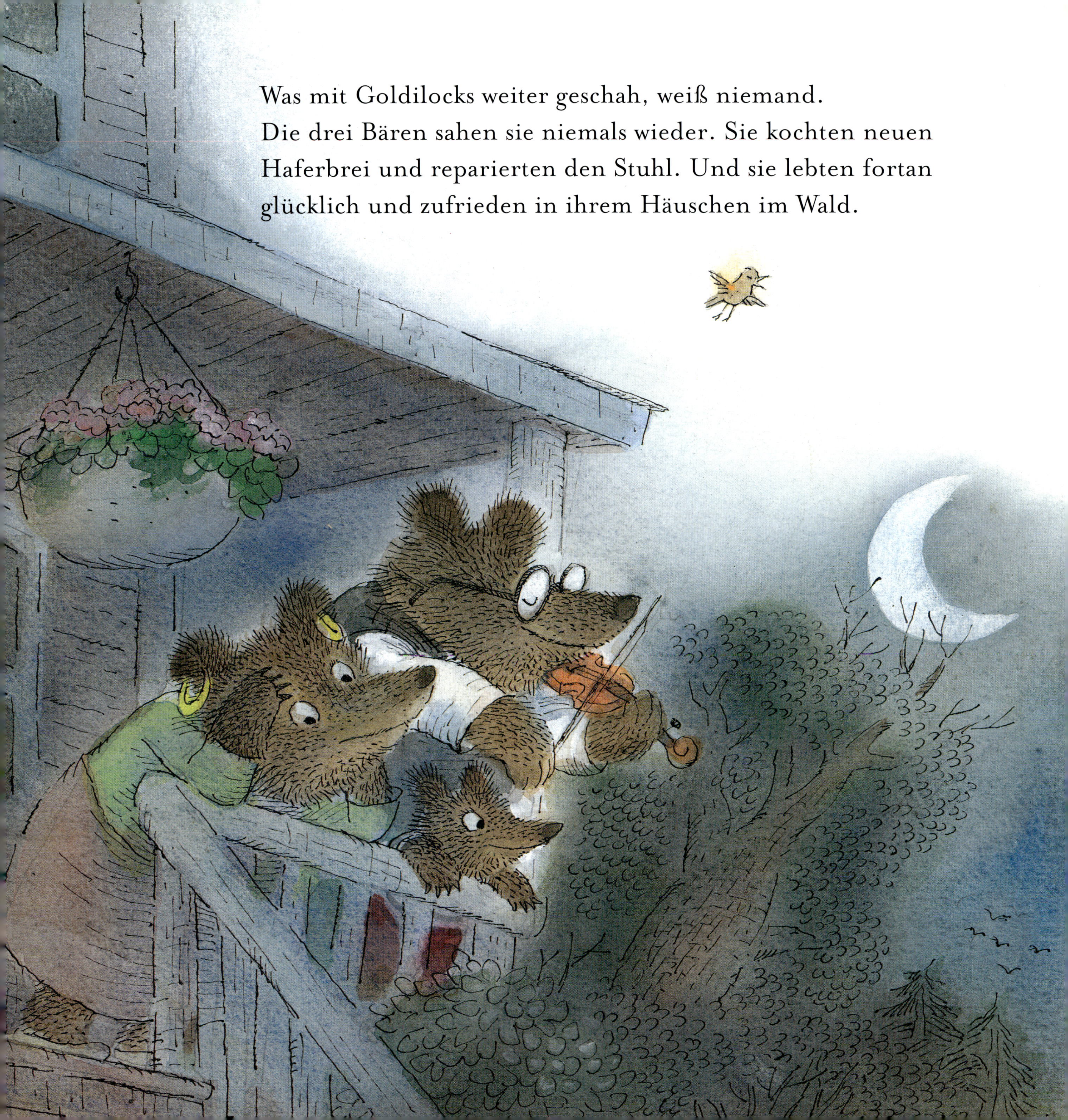

Was mit Goldilocks weiter geschah, weiß niemand.
Die drei Bären sahen sie niemals wieder. Sie kochten neuen Haferbrei und reparierten den Stuhl. Und sie lebten fortan glücklich und zufrieden in ihrem Häuschen im Wald.

In der Edition Jürgen Lassig im Nord-Süd Verlag
sind die folgenden Bücher von Valeri Gorbatschow
erschienen:

*Winnie und die wilden Wölfe*
*Winnie will woanders schlafen*
*Winnie – Alles Gute zum Geburtstag, Mama!*
*Benni Bär malt ein Bild*